Michael Heinen-Anders
Sind die Anthroposophen
„Verschwörungstheoretiker"?

Herstellung und Verlag: Books on Demand
Norderstedt

ISBN **9783748130369**

Inhaltsverzeichnis

Sind die Anthroposophen Verschwörungstheoretiker?

„Die Anthroposophische Gesellschaft ist 1913 als Abspaltung der Theosophischen Gesellschaft Adyar entstanden. Deren vermeintlich indischem Gedankengut wollte Rudolf Steiner eine mitteleuropäische und christliche Esoterik entgegenstellen. Ihm gelang es, seine völkischen Konkurrenten zu kritisieren und zugleich das eigene Ressentiment als universelle Menschheitsbefreiung zu verkaufen. Heutige Kritiker halten sich zu Recht oft an den hässlichen Rassenlehren Steiners und seiner Anhänger auf. Deren Evolutionsideologie sieht jedoch die allmähliche »Überwindung« der Rassen durch das »Ich« vor, wofür der »Sonnengeist« Christus verantwortlich ist. Nationalismus heißt für Steiner Rückfall in ein blutgesteuertes Kollektivbewusstsein, das er mit dem »Mondgeist« Jahwe assoziiert und im Judentum verkörpert sieht. Dagegen steht die »urdeutsche Tugend des Kosmopolitismus«, die nur im »Ich« errungen werden kann. Dem »deutschen Volksgeist« kommt somit die Weltmission zu: »Deutscher ist man nicht, Deutscher wird man.« Der Erste Weltkrieg war ein kosmisches Komplott gegen die Mission Steiners: »Okkulte Logen«, »Brüder des Schattens« hinter dem »Angloame- rikanertum« strebten die Weltherrschaft an. Sie

8

stünden unter dem Einfluss des Dämonen Ahriman und seiner Scharen, die den guten Gang der Weltentwicklung verhindern wollten. Zur Domäne dieser »Geister der Finsternis«, die der Erzengel Michael gegen Ende des 19. Jahrhunderts auf die Erde geworfen habe, gehören Materialismus, Technisierung und Intellektualismus. Völkischer Blutrausch gilt Steiner als ahrimanischer Materialismus, er selbst lässt die Volksgemeinschaft derweil als geistige auferstehen. Diese Legierung aus nationalistischen Einkreisungsphantasien und proklamiertem Kosmopolitismus, Amerikahass und strikt antijüdischen Obertönen bildet den Kern von Steiners Zeitdiagnose, gegen die er seine Utopie der Sozialen Dreigliederung stellte. Während heutige Anthroposophen die »Geister der Finsternis« auch im NS am Werk sehen – schließlich wurde die Anthroposophische Gesellschaft 1935 verboten –, entdeckte 1933 etwa der einflussreiche Sozialwissenschaftler und Anthroposoph Roman Boos in der »deutschen Erneuerung« die Erfüllung von Steiners Erwartungen. Weil nationalsozialistische Esoterik-Hasser wiederum den 1925 verstorbenen Steiner als Teil der Weltverschwörung denunzierten, gab der Vorstand der Anthroposophischen Gesellschaft den Band »Rudolf Steiner während des Weltkriegs« heraus. Im Vorwort wetterte Boos gegen den »ökonomischen ›Geist‹« in Ost und West. Steiner gehöre »gerade der unmittelbaren Gegenwart – der Gegenwart von 1933«. Tagebuchnotizen des Vorstandsvorsitzenden Albert Steffen zeigen, dass dieser Hitler als Marionette der Geister der Finsternis betrachtete und selbst das wahre »Deutschtum« beanspruchte: »Bei ihm Blut, bei uns Geist.« Steffen adoptierte ein jüdisches Kind, gegen Boos ging er dennoch nicht vor – sondern wollte die Nazis durch Meditation und spirituelle Kunst überwinden. Der Vorsitzende der deutschen anthroposophischen Landesgesellschaft, Hans Büchenbacher, wurde 1934 wegen seines jüdischen Vaters von seinem Posten verdrängt. Er kritisierte rückblickend, dass zwei Drittel der Anthroposophen mit dem Nationalsozialismus sympathisierten, und spekulierte über Hitler und die »Thule-Gesellschaft« als Diener der westlichen »Logen«. Die Kontinuität dieser Vorstellung beweist die antroposophische Zeitschrift Der Europäer aus Basel, deren Chefredakteur Thomas Meyer im September einen ganztägigen Kurs über die bevorstehende »Inkarnation Ahrimans« abhalten will. Schon Steiner hatte die baldige Fleischwerdung Ahrimans »im Westen« prophezeit. Im Bündnis mit Christus und dem Erzengel Michael soll die Anthroposophie die spirituellen Waffen gegen die dämonische Bedrohung schmieden. Meyer weiß, wo Ahriman steckt: »Ukraine, Israel, ISIS, TTIP, der ›Krieg gegen den Terror‹.« Lieblingsthema der Europäer-

Redaktion scheinen Apologien des Ersten Weltkriegs zu sein. Von der »Kriegsschuldlüge« und den amerikanisch-okkulten Kräften, die sie zu verantworten haben, geht sie dabei nahtlos zum »Inside Job« 9/11 über. Dazu schreiben auch Konspirationsexperten wie der Kopp- und Compact-Autor Gerhard Wisnewski und der Schweizer »Friedensforscher« Daniele Ganser, ein weiterer ehemaliger Waldorfschüler. Im anthroposophischen Zentralblatt Das Goetheanum wurde der Begriff Verschwörungstheorie kürzlich als »tödliches Waffenwort« denunziert, das aus dem Wortschatz verbannt werden müsse. Von Steiners Metaphysik der Weltverschwörung zehren auch viele dem Anspruch nach linke und grüne Anthroposophen: Joseph Beuys beispielsweise, der sich für direkte Demokratie und gegen Amerika einsetzte, das »die ganze Welt versaut« habe. »Auschwitz existiert weiter auf eine andere Art«, meinte er. »Nicht mehr diese primitive Methode, dass man Menschen ins Feuer wirft und sie so vernichtet, aber heute vernichtet man sie durch diese Art von Wirtschaft, die die Menschen innerlich aushöhlt und zu Konsumsklaven macht … « Dagegen stellte Beuys mit Steiner den »sozialen Organismus«, einen regressiv-holistischen Wärmekosmos, der in seinen Kunstwerken durch Filz und Honig anschaulich wird. Steiners okkulter Politikbaukasten ermöglicht es seit einem Jahrhundert, den anthroposophischen

Weltgeist mit beliebiger zeitgeistiger Paranoia kurzzuschließen. Wenn einige seiner Erben sich heute auf Ken Jebsen oder Daniele Ganser berufen, ernten sie bloß die Früchte ihrer Gründertage. Zwar stellen sich manche Anthroposophen gegen den neurechten Trend. Sie kämpfen aber gegen die eigene Tradition. Deren Alternativkultur ist dem anthroposophischen Milieu derweil längst entwachsen, obwohl Anhänger und Kritiker oft das Gegenteil behaupten. Niemand braucht mehr Steiner, um esoterischen Schöngeist mit politischem Wahn zu verbinden. Waldorfschulen heute sind ein Sammelbecken für ein sich progressiv dünkendes ökologisches wie alternativ-pseudokritisches Publikum. Hier stoßen Impfgegner oder esoterische Coaching-Methoden auf ebenso offene Ohren wie die vernunftwidrig-provokative Lüsternheit des Verschwörungsglaubens. Der Autor betreibt den anthroposophiekritischen »Waldorfblog« (waldorfblog.wordpress.com)." [1]

---

[1] Ansgar Martins: „Ein kosmisches Komplott". In "Jungle World" vom 13.08.2015: https://jungle.world/artikel/2015/33/ein-kosmisches-komplott (Ansgar Martins ist ehemaliger Waldorfschüler und einer der bestwahrgenommenen Anthroposophiekritiker).

Zum Begriff „Verschwörungstheorie"

„Die Bezeichnung einer Ansicht
als Verschwörungstheorie ist eine
gängige propagandistische Maßnahme im Rahmen
der psychologischen Kriegsführung, die
insbesondere zur Diskreditierung von
investigativen Journalisten, die der Aufklärung von
Geheimdienstoperationen auf der Spur sind,
eingesetzt wird.

> Zitat: «Der Begriff Verschwörungstheorie
> trägt nichts zur Wahrheitsfindung bei,
> sondern führt zur Spaltung. Er ist ein
> Spaltungsbegriff.» - Dr. Daniele
> Ganser, Schweizer Historiker, Energie-
> und Friedensforscher

> Zitat: «Der Begriff Verschwörungstheorie
> stammt von der CIA. Das war ein
> Begriff, um politische Diskurse zu
> leiten.» - Prof. Rainer Mausfeld, lehrt
> Wahrnehmungs- und Kognitions-
> forschung an der Christian-Albrechts-
> Universität zu Kiel

In einem Vortrag bei Arbeiterfotografie erklärte Andreas von Bülow 2007 den Begriff *Verschwörungstheorie* wie folgt:

> Zitat: «*Zur Person muss ich Sie darauf hinweisen, dass hier ein von den Medien so benannter Verschwörungstheoretiker zu Ihnen spricht. Doch wer einer mit machiavell-istischer Chuzpe angelegten staatlichen Verschwörung auf der Spur ist, wird von der Gegenpropaganda der hierzu instrumentalisierten Medien sofort mit dem Unwort des "Verschwörungs-theoretiker" belegt. Man versucht den der Aufdeckung gefährlich nahekommenden Kritiker auf diese Weise der Lächerlichkeit preiszugeben, ihm die Aufmerksamkeit der Öffentlichkeit zu rauben. Das ins Narren-Aus schickende Stichwort wirkt nicht viel weniger als das des "Kinder-schänders". Der naive Bürger und Konsument von Nachrichten wird sich nicht als "Dummbeutel", als "Naivling" erwischen lassen wollen. Er soll durch die Blendgranate "Verschwörungs-theorie" abgehalten werden, sich selbst auf den Pfad kritischer Betrachtung zu*

begeben. Der Kenner derartiger, fern der Sache liegender Medienauswüchse wird die <u>*Desinformation*</u> *staatlicher bzw. geheimdienstlicher Quellen erkennen und sich nicht von der "heißen" Spur der Aufklärung abbringen lassen.»*

Die CIA empfahl im Jahre 1967 der Regierung anläßlich der kritischen Bevölkerung, die nicht an die offizielle <u>Einzeltäter-These</u> im Falle des Kennedy-Mordes glaubte, auf die Argumente der <u>Kritiker</u> gar nicht erst einzugehen, sondern diese unerwünschten Meinungsäußerungen durch die Anwendung diverser <u>Propaganda</u>techniken (u.a. durch die Neuprägung des Begriffs „Verschwörungstheorie") einzudämmen."[2]

---

[2] http://de.wikimannia.org/Verschw%C3%B6rungstheorie

Rezeption des Begriffs in der anthroposophischen Mainstream-Presse

Bereits relativ früh scharten sich einige Redakteure des Anthro-Boulevard-Blattes „INFO 3" um den Begriff „Verschwörungstheorie". Er wurde angewendet auf dem Blatt mißliebige Anthroposophen und ehemalige Waldorfschüler, wie Thomas Meyer, Ken Jebsen und Daniele Ganser (und einige weitere Personen). Dabei war die Diskreditierung der so titulierten Menschen stets das Hauptziel.
Auch weitere anthroposophische Presseerzeugnisse, wie „Das Goetheanum" machten sich in der Folge diesen Begriff und seine diskreditierende Wirkung zu eigen.

War Rudolf Steiner ein Verschwörungstheoretiker?

Glaubt man dem eingangs zitierten Statement von Ansgar Martins in „Jungle World", dann muß auch Rudolf Steiner konsequenterweise als „Verschwörungstheoretiker" bezeichnet werden. Sein Glück ist wohl nur, dass es derartige Begriffe zu dessen Lebzeiten noch nicht gab, so dass zumindest in der anthroposophischen Presse Rudolf Steiner von derartigen Anmutungen weitgehend verschont blieb.

Wer allerdings meint, nun Rudolf Steiner gefahrlos zitieren zu können, der hat sich getäuscht. Auch kreuzbraven Anthroposophen bleibt der Vorwurf ein „Verschwörungstheoretiker" zu sein nicht erspart, wenn sie in der Öffentlichkeit weniger bekannte Teile aus dessen Werk zitieren.

Kampagnen gegen mißliebige Anthroposophen

Nicht nur die bereits genannten Thomas Meyer, Ken Jebsen und Daniele Ganser wurden Opfer von Kampagnen gegen mißliebige Anthroposophen. Gleich mehrere Presseorgane, darunter „Der Europäer" und „Ein Nachrichtenblatt" – sowie deren Redakteure und Herausgeber - wurden zum Ziel einer kürzlichen Kampagne u.a. in „INFO 3", „Das Goetheanum" und „Anthroposophie weltweit".[3]

Dabei kamen zu Wort Prof. Dr. Volker Frielingsdorf (Alanus Hochschule), Prof. Dr. Jost Schieren (Alanus Hochschule), Wolfgang Held (Redakteur „Das Goetheanum"), Henning Kullack-Ublick (Vorstand im „Bund der Freien Waldorfschulen"), Dr. David Marc Hoffmann („Rudolf-Steiner-Archiv") sowie Dr. Jens Heisterkamp, Ramon Brüll und Laura Krautkrämer (alle Redaktion und Geschäftsführung Zeitschrift "INFO 3").

Diese Kampagne ist eine Verhöhnung der anthroposophischen Anliegen. Sie wirkt zudem spalterisch, da in "linke" und "rechte"

---

[3] Vgl. z.B. „Anthroposophie weltweit", Nr. 7-8/2018 und „Anthroposophie – Vierteljahresschrift zur anthroposophischen Arbeit in Deutschland", Michaeli 2018, Nr. 285, S. 263 - 267

anthroposophische Strömungen unterschieden wird. Näheres dazu findet sich auch in "Ein Nachrichtenblatt" und in "Der Europäer".

Reaktionen aus dem anthroposophischen Umfeld

Zu der Kampagnenwiedergabe in „Anthroposophie weltweit" gab es insgesamt 40 Leserreaktionen, und nur drei dieser Zuschriften unterstützten die Anliegen der Kampagnenurheber, alle übrigen 37 Zuschriften zeigten sich entsetzt und befremdet über die infame Machart dieser Behauptungen und Anwürfe.[4]

---

[4] Vgl. Sebastian Jüngel: Extraausgabe zu Verschwörungstheorien. In „Anthroposophie weltweit" Nr. 10/2018, S. 14 sowie AAG: Nachrichten für Mitglieder „Anthroposophie weltweit", Nr. 10extra/2018, S. 1 - 23

Ideologiekritik

„Die Aufklärung eines wissenschaftlich instrumentierten politischen Willens kann nach Maßstäben rational verbindlicher Diskussion nur aus dem Horizont der miteinander sprechenden Bürger selbst hervorgehen und muß in ihn zurückführen."[5]

Weiter äußert sich Habermas dann wie folgt: „...interesselose Anschauung meint dann offensichtlich Emanzipation. Die Entbindung der Erkenntnis von Interesse sollte nicht etwa die Theorie (im anthroposophischen Kontext: die Geisteswissenschaft, Anm. MHA) von den Trübungen der Subjektivität reinigen, sondern umgekehrt das Subjekt einer ekstatischen Reinigung von den Leidenschaften unterziehen."[6]

In Rückübersetzung in anthroposophische Termini kann eine solche Ideologiekritik auch gegenüber dem sperrigen Begriff der „Verschwörungstheorie" an Bedeutung gewinnen. Wer an eine „Geistige Welt" glaubt, an den Kampf zwischen Christus, Michael und den Widersachermächten, der muß nun einmal Praktiken der Verschwörung, was

---

[5] Jürgen Habermas: Technik und Wissenschaft als <Ideologie>, Edition Suhrkamp, Frankfurt a.M. 1969, S. 137
[6] Jürgen Habermas: Technik und Wissenschaft als <Ideologie>, Edition Suhrkamp, Frankfurt a.M. 1969, S. 153

Rudolf Steiner u.a. auch in GA 173 a-c beschreibt für möglich, ja gar für notwendig halten. Der Anthroposoph kann sich seinerseits nur davor bewahren in den Strudel der Leidenschaften herabgerissen zu werden, wenn er die sogenannten „Nebenübungen" beachtet.[7]
Indem Unbefangenheit und Positivität geübt und gelebt werden, verliert das dämonische jeglicher Verschwörung an Macht und Wirksamkeit, das sollte jeglichem Anthroposophen auf dem Schulungsweg doch mehr als deutlich ins Auge springen müssen. Damit ist der heutige Anthroposoph auch gefeit so mancher „Verschwörungspraxis" eben gerade nicht auf den Leim gehen zu müssen, sondern die dahinter sich verbergenden Verhältnisse durchschauen zu können.

---

[7] Vgl. z.B. Rudolf Steiner: Die Nebenübungen. Sechs Schritte zur Selbsterziehung, Rudolf Steiner Vlg., Dornach 2010

Autobiographische Notiz:

Michael Heinen-Anders wurde am 25.02.1960 in Köln geboren. Er studierte an der Bergischen Universität Wuppertal Wirtschafts- und Sozialwissenschaften.
1989 schloss er das Studium als Diplom-Ökonom ab.
Michael Heinen-Anders trat 1994 der Anthroposophischen Gesellschaft, Zweig Köln, bei.
Seit 2011 ist er gleichfalls Mitglied der Freien Hochschule für Geisteswissenschaft.
Er veröffentlichte zahlreiche literarische, essayistische und wissenschaftliche Schriften, darunter „Aus anthroposophischen Zusammenhängen", BOD, Norderstedt 2010 und „Aus anthroposophischen Zusammenhängen Band II", BOD, Norderstedt 2017.
Michael Heinen-Anders lebt in Köln, ist geschieden und hat zwei erwachsene Töchter.